L'ÎLE AUX DEMONS

Je remercie vivement Hugo Pratt d'avoir autorisé cette rencontre
entre nos deux personnages, Héléna Mirata et Mayako Yamamoto,
pour leurs travaux de traduction et leurs conseils.
Merci également à "l'œil carnivore" auquel j'ai fait quelques emprunts.

CHANTAL MONTELLIER

L'ÎLE AUX DEMONS

UNE AVENTURE DE JULIE BRISTOL

PARIS·BARCELONE·BRUXELLES·LAUSANNE·LONDRES·NEW YORK·STUTTGART

DARGAUD
EDITEUR

"Je sentais que si je prenais une conscience suffisante de l'identité réelle de la fille, il me serait impossible d'aller jusque-là."

in "La lettre de Gayawa", Juro Kara.
Robert Laffont Éditeur.

© **DARGAUD ÉDITEUR 1994**

Tous droits de traduction, de reproduction et d'adaptation strictement
réservés pour tous pays.
Dépôt légal Mars 1994
ISBN 2-205-04183-5

Imprimé en France-Publiphotoffset 93500 Pantin-en février 1994

Printed in France

...TOUTE L'ÎLE EST UNE MONTAGNE VOLCANIQUE DOMINÉE PAR LE MONT FUJI, UN VOLCAN SUR UN VOLCAN. CINQ CENTS TREMBLEMENTS DE TERRE PAR AN, DE NOMBREUX RAZ DE MARÉE, DES TYPHONS...

"la cuisine traditionnelle est très recherchée... poisson frit et cru, fruits de mer, algues, plantes des montagnes...

EH BIEN, ÇA PROMET D'ÊTRE ANIMÉ.

les sushi sont des boulettes de riz, surmontées d'une tranche de poisson cru...

ALLÔ?

QUELQUES JOURS PLUS TARD, APRÈS AVOIR CONFIÉ LE DOCTEUR SOCRATES À SON AMI ET ÉTERNEL SOUPIRANT, VIKTOR MAKOWSKI...

J'ESPÈRE QU'EN ÉCHANGE TU T'OCCUPERAS DE MOI À TON RETOUR?

SI JE REVIENS. LE CLIMAT N'A PAS L'AIR TRÈS BIEN TEMPÉRÉ.

JULIE SE REND À L'AÉROPORT, LE CADEAU DU VICOMTE DANS SES BAGAGES.

Départs Departu

JUSTE LE TEMPS D'ACHETER QUELQUES JOURNAUX ET DE BOIRE UN CAFÉ.

Relais H

PARMI LES REVUES QUI SE BOUSCULENT SUR LES PRÉSENTOIRS...

POINT DE VUE — LES MOMENTS LES PLUS BRILLANTS DE L'ACTUALITÉ

LA CRIMINALITÉ DES GENS BIEN

MORT D'UN COLLABO

L'EXPRESS — LE PROCÈS

L'UNE D'ELLE ATTIRE L'ATTENTION DE NOTRE HÉROÏNE.

EN EXCLUSIVITÉ la vidéo scandaleuse DU JAPONAIS CANNIBALE

SON INTERVIEW

n°8 Voyage

UN JAPONAIS CANNIBALE ET VIDÉASTE! SI LES ANTHROPOPHAGES SE METTENT À ME FAIRE CONCURRENCE...

PLUS DE DIX ANS APRÈS AVOIR ASSASSINÉ ET DÉVORÉ UNE ÉTUDIANTE ALLEMANDE À PARIS, YOICHI HOSOKAWA FAIT FORTUNE AU JAPON.

GRÂCE À SES VIDÉOS, SES BEST-SELLERS ET SES PEINTURES SURRÉALISTES,

JUGÉ SAIN D'ESPRIT PAR LES PSYCHIATRES NIPPONS ("DÉSORDRE PASSAGER DE LA PERSONNALITÉ") HOSOKAWA EST DEVENU UNE VRAIE STAR. LE TÉLÉVANGÉLISTE DU HARD, LE DOCTEUR FREUD DU GORE.

C'EST LA CONSÉCRATION DE L'ABOMINABLE EN HAUTE DÉFINITION SUR LES ÉCRANS-MIROIRS DE NOTRE FIN DE SIÈCLE CONVULSIVE."

!?! FASCINANT! JE DEVRAIS FAIRE MON PROCHAIN FILM SUR CE HOSOKAWA, APRÈS CEUX SUR ARTÉMISIA GENTILESCHI ET SUR CAMILLE CLAUDEL. ÇA CHANGERAIT! MAGINOT NE POURRAIT PAS DIRE QUE C'EST "RÉPÉTITIF". ①

① CF. "faux sanglant.

5

TRENTE ANS D'H.P. POUR CAMILLE, LA GLOIRE ET LA FORTUNE POUR HOSOKAWA. IL FAUT DIRE QUE LE JAPONAIS EST, LUI, UN VÉRITABLE HOMME D'AFFAIRES CYNIQUE ET AVISÉ. ÇA AIDE À RÉUSSIR DANS LA SOCIÉTÉ.

UN VÉRITABLE HOMME D'AFFAIRES CE YOICHI HOSOKAWA, N'EST-CE PAS MADEMOISELLE ?

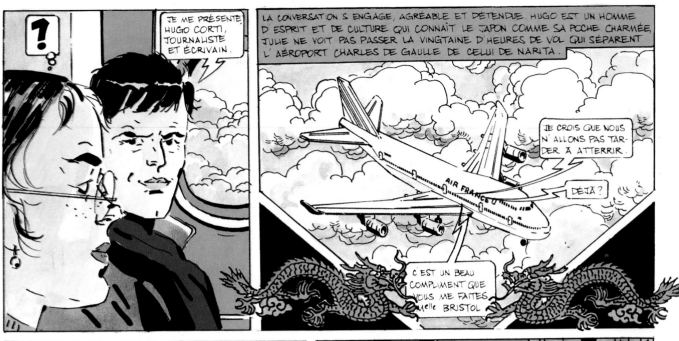

JE ME PRÉSENTE, HUGO CORTI, JOURNALISTE ET ÉCRIVAIN.

LA CONVERSATION S'ENGAGE, AGRÉABLE ET DÉTENDUE. HUGO EST UN HOMME D'ESPRIT ET DE CULTURE QUI CONNAÎT LE JAPON COMME SA POCHE. CHARMÉE, JULIE NE VOIT PAS PASSER LA VINGTAINE D'HEURES DE VOL QUI SÉPARENT L'AÉROPORT CHARLES DE GAULLE DE CELUI DE NARITA.

JE CROIS QUE NOUS N'ALLONS PAS TARDER À ATTERRIR.

DÉJÀ ?

C'EST UN BEAU COMPLIMENT QUE VOUS ME FAITES, Mᵉˡˡᵉ BRISTOL.

IL NE ME RESTE PLUS QU'À VOUS SOUHAITER UN AGRÉABLE SÉJOUR DANS L'ÎLE AUX DÉMONS.

L'ÎLE AUX DÉMONS ?

UN CONTE JAPONAIS CÉLÈBRE. UN JEUNE GARÇON ÉTAIT TRÈS ATTACHÉ À SES PARENTS, MAIS IL NE POUVAIT S'IDENTIFIER À EUX, CAR IL LEUR TROUVAIT DE TROP GRANDES INSUFFISANCES...

DEVENU GRAND IL SE DONNA UN OBJECTIF, LA CONQUÊTE DE L'ÎLE AUX DÉMONS. ELLE EUT VALEUR POUR LUI, DE RITE DE PASSAGE À L'ÂGE ADULTE. VICTORIEUX, IL DEVINT UNE PERSONNE PLEINE D'ASSURANCE, DE COURAGE, ET DE SAGESSE.

ESPÉRONS QUE LES DÉMONS NE SERONT PAS TROP NOMBREUX AU RENDEZ-VOUS.

POUR L'INSTANT JE N'EN VOIS QUE DEUX QUI SEMBLENT VOUS ATTENDRE ET ILS N'ONT PAS L'AIR BIEN FÉROCES.

Mᵉˡˡᵉ BRISTOL

QUELQUES BOURRASQUES PLUS LOIN...

NOUS ARRIVONS À VOTRE HÔTEL.

SON NOM SIGNIFIE LE PASSAGE.

TOUT UN PROGRAMME.

C'EST APRÈS AVOIR DÉBALLÉ TOUTES SES AFFAIRES, QUE JULIE CONSTATE LA DISPARITION DU CADEAU POUR VAN DEN BOSCH.

QUELQUE CHOSE ME DIT QUE LES ENNUIS COMMENCENT.

ALLÔ, AIR-FRANCE ?

...DANS LE VOL POUR TOKYO DE 10H45 ... UN PAQUET FORMAT 24 X 32 ENVIRON... PAPIER ROUGE ET SCOTCH NOIR... OUI, J'ATTENDS, MERCI.

APRÈS AVOIR TÉLÉPHONÉ SUCCESSIVEMENT À L'AÉROPORT CHARLES DE GAULLE ET À CELUI DE NARITA. S'ÊTRE ENQUISE AUPRÈS DE SES HÔTES QUE RIEN N'AVAIT ÉTÉ OUBLIÉ DANS LEUR VOITURE. AVOIR UNE NOUVELLE FOIS FOUILLÉ SES AFFAIRES DE FOND EN COMBLE, JULIE, DÉCOURAGÉE, DÉCLARE FORFAIT.

TANT PIS! VAN DEN BOSCH N'AURA PAS SON CADEAU. ESPÉRONS SEULEMENT QU'IL N'AVAIT PAS TROP DE VALEUR.

ALLÔ, JEAN-PATRICK ?

LE VICOMTE EST DANS UN ÉTAT PLUS QUE SECOND

...DE LA VALEUR? HÍHÍHÍ ...P...PAS DU TOUT, HIPS, C'ÉTAIT JU...USTE UNE PE....PE...PETITE P...PEINTU...URE DE RIEN DU TOUT! MÊME PAS DEUX C....CENTS BRIQUES...HÍHÍPS.

DEUX CENTS BRIQUES !?

!?

UNE SURPRISE ?

!!?

QUELLE SURPRISE ?

!!?

ALORS M.elle BRISTOL, CETTE PRISE DE CONTACT AVEC NOTRE PAYS EST-ELLE AGRÉABLE ?

ELLE EST DÉLICIEUSE KAMO-SAN, TOUT À FAIT DÉLICIEUSE.

JE SENS QUE CE SÉJOUR VA M'ÊTRE TRÈS PROFITABLE.

JE L'ESPÈRE POUR VOUS. UN PEU DE SAKÉ ?

AVEC PLAISIR !

« C'EST UNE DE NOS GRANDES CRÉATRICES D'IMAGES, VOUS AIMERIEZ BEAUCOUP.

« ICI L'ART EST SURTOUT UNE AFFAIRE PRIVÉE.

« C'EST UNE TENDANCE, UN DÉSIR TRÈS PROFOND QU'ENTRETIENT LE JAPON VIS À VIS DE LA CULTURE OCCIDENTALE...

もう、よろしいですか

VOTRE VIDÉO SUR CAMILLE CLAUDEL EST TRÈS INTÉRESSANTE. UNE VERSION NIP-PONNE POURRAIT ÊTRE ENVISAGÉE.

QU'EN PENSEZ-VOUS MADEMOISELLE BRISTOL?

JULIE?

...UN VOLCAN SUR...

MANGÉ SA LANGUE...

...CRUCIFIÉE ET AMPUTÉE...

HIHI HI

DEUX CENTS BRIQUES!

...UN RITE DE PASSAGE...

15

LE LENDEMAIN MATIN, NOTRE HÉROÏNE S'OCTROIE UN PETIT DÉJEUNER AU LIT ET À LA FRANÇAISE POUR SE REMETTRE DE SES CAUCHEMARS.

BON, ESSAYONS DE RÉFLÉCHIR.

QUI A PU ME VOLER CE TABLEAU ? UN PASSAGER DE L'AVION ?

LE CHARMANT HUGO CORTI ?

LE GROS HOMME SANGUIN À LA BLONDEUR ARTIFICIELLE QUI ME DÉVISAGEAIT SANS CESSE ?

LE TYPE ÉNIGMATIQUE PLANQUÉ DERRIÈRE SES LUNETTES NOIRES ?

D'AUTRES ?

MAIS LE VOL A PEUT-ÊTRE EU LIEU AVANT L'EMBARQUEMENT ? OU APRÈS, QUAND JE SUIS ALLÉE AUX TOILETTES DE L'AÉROPORT.

OU AU MOMENT DE LA RÉCUPÉRATION DES BAGAGES.

SI JE RÉUSSISSAIS À METTRE LA MAIN SUR CORTI, JE POURRAIS ME FAIRE UNE IDÉE À SON SUJET.

IL EST SÛREMENT TROP POLI ET AIMABLE POUR ÊTRE HONNÊTE....

DOMMAGE, IL ME PLAISAIT BIEN.

12

COMME ELLE VEUT EN AVOIR LE CŒUR NET, JULIE TÉLÉ PHONE À L'HEBDO PARISIEN DONT CORTI LUI A PARLÉ. IL Y EST PRESQUE UN INCONNU.

...C'EST UN PIGISTE QUE L'ON NE VOIT JAMAIS.

HUM, BON, ASSEZ FANTASMÉ POUR AUJOURD'HUI.

ON NE SAIT MÊME PAS QUELLE TÊTE IL A. IL NOUS FAXE TOUS SES ARTICLES. IL EST TOUJOURS PAR MONTS ET PAR VAUX. INSAISISSA-BLE. ESSAYEZ CHEZ SON ÉDITEUR POUGIN-MOROT.

OK, MERCI.

CHEZ L'ÉDITEUR

IL NE VIENT PRESQUE JAMAIS, C'EST UN VRAI COURANT D'AIR. UN OISEAU VOYAGEUR INSAISISSABLE.

EN INSISTANT, J.B FINIT PAR OBTENIR LE NUMÉ-RO PERSONNEL DE "L'OISEAU VOYAGEUR". ELLE TOMBE SUR LE RÉPONDEUR TÉLÉPHONI-QUE.

BONJOUR, VOUS ÊTES BIEN CHEZ HUGO CORTI, LA MACHINE EST À VOTRE DISPOSITION, VEUILLEZ INDIQUER LE JOUR ET L'HEURE ET JE VOUS RAPPELLERAI DÈS QUE POSSIBLE, À BIENTÔT J'ESPÈRE. HELLO, THIS IS HUGO CORTI'S ANSWERING MA-CHINE. YOU CAN LEA-VE A MESSAGE ...

BONJOUR HUGO, C'EST JULIE BRISTOL ... JE VOULAIS VOUS DIRE ... HUM ... VOTRE CONVERSA-TION ME MANQUE.

ON VERRA BIEN ...

À PEINE SORTIE DE SA BAIGNOIRE, NOTRE VIDÉASTE SE REND SUR LES LIEUX DU FESTIVAL. ELLE PAPILLONNE D'UN STAND À L'AUTRE, QUAND, SOUDAIN,

ELLE TOMBE EN ARRÊT DEVANT UN ÉCRAN GÉANT SUR LEQUEL...

...LE CANNIBALE SUPER-STAR RÉPOND AIMABLEMENT AUX QUESTIONS D'UN JOURNALISTE FRANÇAIS, SOUS LES YEUX FASCINÉS D'UN NOMBREUX PUBLIC.

VOUS ÊTES DEVENU UNE STAR DE LA TÉLÉ. ON VOUS VOIT CHAQUE SEMAINE DANS L'ÉMISSION PSY T.V.

PAR AILLEURS VOUS ÊTES ACTEUR, CRITIQUE DE CINÉMA. VOUS AVEZ UNE RUBRIQUE DANS UN GRAND QUOTIDIEN. CHAQUE FOIS QUE L'ON VEUT UN AVIS SUR UNE PERVERSION ON VOUS CONSULTE. VOUS AVEZ PARTICIPÉ À UN SYMPOSIUM SUR LE FÉTICHISME DANS UNE GRANDE UNIVERSITÉ. VOUS REPRÉSENTEZ POUR LA JEUNESSE JAPONAISE UN HÉROS PERVERS, ET PAR VOS LIVRES VOUS ÊTES DEVENU UN NOUVEAU POÈTE MAUDIT. COMMENT EXPLIQUEZ-VOUS CET ÉTONNANT SUCCÈS ?

JE REÇOIS DE TRÈS NOMBREUSES LETTRES DE PERSONNES DISANT AVOIR LES MÊMES FANTASMES QUE MOI.

IL Y A BEAUCOUP DE GENS QUI S'IDENTIFIENT... NOUS SOMMES PEUT-ÊTRE UN PEUPLE CANNIBALE ?

NOUS SOMMES PEUT-ÊTRE TOUS UN PEU CANNIBALES ? SAVEZ-VOUS QUE DANS LA VILLE LUMIÈRE CERTAINES PERSONNES DE LA MEILLEURE SOCIÉTÉ PAIENT DES FORTUNES POUR PARTICIPER À DES MESSES NOIRES OÙ ONT LIEU DES SACRIFICES HUMAINS ? MOI J'AI TUÉ ET MANGÉ PAR AMOUR.

H! HI HI

NOTRE ÉPOQUE EST VRAIMENT FORMIDABLE.

ON VIT UNE ÉPOQUE FORMIDABLE N'EST-CE PAS Mᵉˡˡᵉ BRISTOL ?

C'EST BIEN LUI, LE BEL HUGO. JULIE SENT UN FRISSON LUI PARCOURIR LA NUQUE.

SI C'EST MON VOLEUR, IL NE MANQUE PAS D'AIR.

J'AI TROUVÉ VOTRE MESSAGE. JE VOUS AI CHERCHÉE SUR LE STAND, ET PUIS JE VOUS AI APERÇUE AU MILIEU DES FANS DU VIDÉASTE CANNIBALE. PUIS-JE VOUS OFFRIR UNE BIÈRE ? ON NE TROUVE QUE ÇA ICI.

J'AI ÉTÉ SURPRIS ET HEUREUX DE VOUS ENTENDRE. JE N'ESPÉRAIS PAS VOUS REVOIR.

MOI NON PLUS, JE NE PENSAIS PAS VOUS REVOIR, MAIS J'AVAIS UNE QUESTION À VOUS POSER.

15

RÉPONDEZ-MOI SANS RÉFLÉCHIR, EST-CE QUE VOUS AIMEZ LA PEINTURE ?

!?

RÉPONDEZ-MOI SANS RÉFLÉCHIR. EST-CE QUE VOUS AIMEZ POSER DES QUESTIONS DÉROUTANTES ?

QUELQUES-FOIS.

C'EST UN JEU ?

SI VOUS VOULEZ.

ET QU'EST-CE QU'ON GAGNE ?

VOUS LE SAUREZ PLUS TARD. RÉPONDEZ-MOI.

JE NE SUIS PAS UN CONTEMPLATIF. LES MUSÉES ET LES EXPOSITIONS ME DONNENT DES CRAMPES ET LE TORTICOLIS. ÇA VOUS VA ?

OU BIEN CET HOMME EST UN COMÉDIEN DE GÉNIE OU BIEN IL EST INNOCENT. DANS UN CAS COMME DANS L'AUTRE, IL ME FAIT UN DRÔLE D'EFFET.

CETTE NUIT-LÀ, LES RÊVES DE NOTRE VIDÉASTE SONT PLEINS D'HUGO CORTI ET ILS NE SONT PAS QU'AGRÉABLES.

QUELLE BÉCASSINE CETTE JULIE BRISTOL !

HA! HA! HA!

HAW! HAW! HAW!

QUELLE SOTTE !

UNE VRAIE IDIOTE !

HAW! HAW! HAW!

COMPLÈTEMENT CRÉTINE !

UNE PETITE IMBÉCILE !

LA LANGUE C'EST CE QUE J'AI MANGÉ D'ABORD.

DÉROUTANT LE CONTRASTE ENTRE L'ARCHITECTURE ET LES COSTUMES D'UN CÔTÉ. LES SIGNES ET LES VISAGES DE L'AUTRE. C'EST COMME SI TOUS LES HABITANTS DE NEW YORK AVAIENT ÉTÉ REMPLACÉS PAR DES JAPONAIS !

17

JULIE SE REND AU CONSULAT, OÙ ELLE A RENDEZ-VOUS...

..AVEC LE CONSEILLER CULTUREL, MONSIEUR JEAN-PAUL LEMOL-MACHOT.

BOUH ! QU'IL EST VILAIN.

QUE PUIS-JE POUR VOUS Melle BRISTOL ?

MMH ! ELLE EST RAVISSANTE !

... ET C'EST SEULEMENT À L'HÔTEL QUE JE ME SUIS APERÇUE DE LA DISPARITION DE, HUM, MES COPIES DE FILM ET DE MON SCÉNARIO. J'AI BIEN PENSÉ À PORTER PLAINTE. MAIS AUPRÈS DE QUI? LA POLICE FRANÇAISE? LA JAPONAISE? INTERPOL? ÇA M'A PARU COMPLIQUÉ...

COMPLIQUÉ?! HIHIHII ELLE EST CHARMANTE.

ET PUIS MES COPIES N'ONT PAS UNE TRÈS GRANDE VALEUR, ET MON SCÉNARIO EST ENCORE EN CHANTIER, PRESQUE ILLISIBLE.

SON SCÉNARIO! J'AIMERAIS LIRE ÇA! HIHII! ENFIN, ELLE A DE TRÈS BEAUX YEUX, ET QUELLE BOUCHE!... ET CE PETIT NEZ, COUVERT DE TACHES DE ROUSSEUR! HMM... COMME TOUT ÇA EST TENDRE ET FRAIS, UN VRAI BÉBÉ. MAIS UN BÉBÉ SENSUEL QUE JE FERAIS VOLONTIERS SAUTER SUR MES GENOUX HIHIHI

cm. 93

EH BIEN, ON DIRAIT QUE JE LUI FAIS DE L'EFFET À CETTE TRONCHE DE CAKE. IL EN BAVERAIT PRESQUE, ET SA BOUFFARDE EST AU BORD DE L'INCENDIE. BON, NE NOUS LAISSONS PAS PERTURBER, IL EST ENCORE TROP TÔT POUR CRIER AU LOUP! REPRENONS.

DONC RIEN DE TRÈS RÉMUNÉRATEUR. MON VOLEUR A DÛ SE SENTIR VOLÉ.

VOUS AVEZ UNE IDÉE DE QUI POURRAIT ÊTRE VOTRE VOLEUR?

UNE PETITE, ET SI JE POUVAIS ME PROCURER LA LISTE DES PASSAGERS AINSI QUE LEUR PLACE DANS L'AVION, J'ARRIVERAIS PEUT-ÊTRE À RÉCUPÉRER MON BIEN.

18

ET ENTREPRENANTE AVEC ÇA! UN VRAI PETIT SOLDAT DE PLUMES! HIHIHII

HUM, JE VAIS VOIR CE QUE JE PEUX FAIRE, JULIE. VOUS PERMETTEZ QUE JE VOUS APPELLE JULIE? ENTRE COMPATRIOTES...

POURQUOI SE GÊNER!

OUI, OUI BEN SÛR.

EN ATTENDANT VOUS DEVRIEZ VOUS DISTRAIRE, HIHIHI, OUBLIER VOS ENNUIS. QUE DIRIEZ-VOUS D'UN WEEK-END À LA CAMPAGNE? JE CONNAIS UN RYOKAN MERVEILLEUX, PRÈS D'UNE SOURCE D'EAU CHAUDE, UN VRAI PARADIS.

CE CRÉTIN LUBRIQUE SE TROMPE D'ADRESSE. C'EST PAS DES TRIPLES, MAIS DES QUINTUPLES FOYERS QU'IL LUI FAUDRAIT.

QU'EST-CE QUE VOUS EN DITES ?

HUM, C'EST TRÈS AIMABLE À VOUS ET ÇA ME TENTE VRAIMENT BEAUCOUP, HIHIHI

MAIS JE PRÉFÉRERAIS QUE CE SOIT APRÈS AVOIR RÉCUPÉRÉ MES AFFAIRES, J'AURAI L'ESPRIT PLUS LIBRE.

ET TOC !

BON, COMME VOUS VOUDREZ, JE VAIS VOIR CE QUE JE PEUX FAIRE...

MERCI.

À PEINE SORTIE DU CONSULAT, NOTRE ARTISTE VIDÉASTE EXPLOSE INTÉRIEUREMENT.

GOUJAT ! MUFLE ! BUTOR ! MALOTRU ! OSTROGOT ! PIGNOUF ! BACHI-BOUZOUK !

YAKITORI

SA COLÈRE N'EST PAS ENCORE RETOMBÉE QUE JULIE DOIT SE RENDRE À UNE ÉMISSION DE TÉLÉVISION CONSACRÉE AUX VISITEURS ÉTRANGERS.

COCHON GRAVELEUX ! LIMACE OBSCÈNE ! OBSÉDÉ VISQUEUX ! COLOQUINTE LIBIDINEUSE !

J'AI DÉVORÉ VOTRE LIVRE

PARMI EUX...

24

LA NUIT EST TOMBÉE QUAND NOTRE VIDÉASTE, COUVERTE D'ECCHYMOSES ET DE SPARADRAP REGAGNE, SEULE ET DÉCONFITE, SA CHAMBRE D'HÔTEL.

POURQUOI MOI?
OUI, POURQUOI?!?

UNE SURPRISE L'Y ATTEND...

!?

BONZOIR!

VOUS RENDREZ P'EN DARD MADEMOYELLE BRIZDOL!

!

AU DOS DU CARTON, UNE NOTE MANUSCRITE PRÉCISE :

HOSOKAWA FAIT ÉCOLE ON DIRAIT

VOUS VIENDREZ N'EST-ZE PAS ?

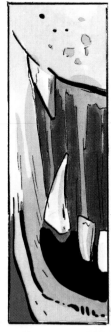

CUI, OUI, BIEN SÛR, AVEC JOIE.

BIEN, D'IZI LÀ KONDINUYEZ À JERCHEZ MADEMOYELLE BRIZDOL. ZURDOUT NE FOUS Z'ARRÉDEZ PAS DE JERCHEZ !

BONNE NUIT ZULIE!..

FAITES DE BEAUX...

HA HA HA HA HA

RÊVES.

HMM

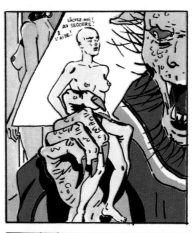

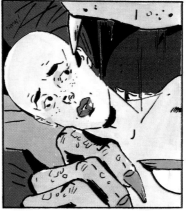

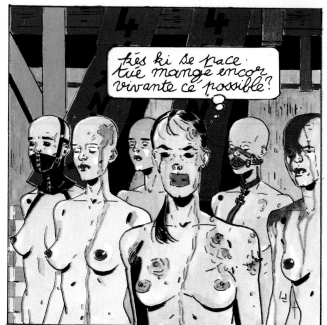

HEUREUSEMENT, MÊME LES PIRES CAUCHEMARS ONT UNE FIN.

UNE LETTRE DU CONSULAT POUR VOUS Melle BRISTOL.

OUTRE LE NOM DES PASSAGERS ET LEUR PLACE DANS L'AVION, LA LETTRE CONTIENT UN POÈME DU CONSEILLER CULTUREL, INTITULÉ: ODE À JULIE.

DEPUIS QUE VOUS M'ÊTES APPARUE, DANS MON BUREAU AUSTÈRE ET NU, SI BELLE, SI FRAGILE ET SI FORTE, COQUILLAGE QUE LA VAGUE APPORTE, ALGUE SVELTE, FRAÎCHE ET SENSUELLE, JE BRÛLE D'UNE FLAMME NOUVELLE... !

(NO COMMENT)

LE GRAND TYPE ROUGEAUD À LA BLONDEUR ARTIFICIELLE, S'APPELLE JEAN-MARIE DUPONT-DEGRELLES.

L'HOMME CACHÉ DERRIÈRE SES LUNETTES NOIRES EST UN CERTAIN FRANCIS LUCCIONI DONT J.B A LU UN EXCELLENT LIVRE CONSACRÉ AUX BURA-KUMIN.

UNE AUTRE PERSONNE INTRIGUE JULIE, UNE JEUNE ET JOLIE JAPONAISE DONT ELLE AVAIT REMARQUÉ LE REGARD SOMBRE ET INQUIET, COMME TRAQUÉ. LA FILLE ÉTAIT VÊTUE DE CUIR DE LA TÊTE AUX PIEDS. À PLUSIEURS REPRISES NOTRE VIDÉASTE L'A SURPRISE EN TRAIN DE LA DÉVISAGER, ET IL LUI SEMBLE L'AVOIR APERÇUE DANS LES TOILETTES DE L'AÉROPORT. CETTE JEUNE FEMME S'APPELLE KEIKO SIGEKI.

NOTRE LIMIER D'OCCASION DÉCIDE DE BORNER POUR L'INSTANT SES RECHERCHES À DEGRELLES ET À CETTE FILLE. LUCCIONI, UNIVERSITAIRE HONORABLEMENT CONNU, N'ÉTANT PAS SOUPÇONNABLE

A PRIORI

DE MÉMOIRE ELLE RÉALISE UN PORTRAIT AU CRAYON DE SES DEUX SUSPECTS CAR NOTRE CAMÉRA-WOMAN S'AVÈRE ÊTRE AUSSI UNE DESSINATRICE DE TALENT. MAIS OUI !

APRÈS AVOIR EXHIBÉ SES DESSINS SOUS LE NEZ DE DIVERSES PERSONNES, J.B FINIT PAR OBTENIR LES RENSEIGNEMENTS QU'ELLE DÉSIRE.

VOICI TASHIRO, IL EST PHOTOGRAPHE DE PRESSE ET CONNAÎT TOUT SUR TOUT LE MONDE.

YUKO EXAGÈRE

DUPONT-DEGRELLES TRAVAILLE AVEC UNE SOCIÉTÉ JAPONAISE TRÈS LIÉE AUX YAKUSAS, MAIS IL EST SURTOUT CONNU, AINSI QUE SON NEVEU, BRUNO DUPONT-DEGRELLES, POUR SON RÔLE DANS L'INTERNATIONALE FASCISTE.

POUR L'AUTRE PORTRAIT, JE SUIS MOINS SÛR DE MOI, MAIS IL ME SEMBLE RECONNAÎTRE UNE CERTAINE KEIKO SIGEKI. ELLE A FAIT LA UNE DES MÉDIAS IL Y A QUELQUES ANNÉES, UNE HISTOIRE DE HOLD-UP QUI A MAL TOURNÉ.

ELLE FAISAIT PARTIE D'UN GROUPUSCULE D'EXTRÊME GAUCHE HYPER VIOLENT, UNE VERSION NIPPONE DES BRIGADES ROUGES. LES FLICS ET LES MÉDIAS LUI ONT FAIT LA PEAU...

...AVEC L'AIDE DE SON EX ÉPOUX!

PENDANT SA DÉTENTION ELLE A ÉCRIT UN RÉCIT METTANT EN SCÈNE UNE JEUNE BURAKUMIN À LAQUELLE ELLE S'IDENTIFIAIT, BIEN QUE N'APPARTENANT PAS À CETTE CASTE. LES BURAKUMIN CE SONT NOS INTOUCHABLES.

JE SAIS. CE QUE J'IGNORE C'EST LA RAISON DE LEUR MISE AU BAN.

IL Y A PLUSIEURS SIÈCLES QUAND LE POISSON DEVINT LA BASE DE LA NOURRITURE CARNÉE POUR TOUS LES JAPONAIS, LES HABITANTS DE QUELQUES HAMEAUX ISOLÉS CONTINUÈRENT COMME ILS L'AVAIENT TOUJOURS FAIT À TUER DES ANIMAUX, À CONSOMMER LEUR CHAIR ET À TANNER LEUR PEAU. L'HÉRÉSIE DÉCOUVERTE ILS FURENT ÉTIQUETÉS IMPURS ET CONDAMNÉS À VIVRE ET MOURIR DANS UN GHETTO.

VOTRE PAYS EST PLEIN DE CONTRADICTIONS TASHIRO, ON Y EXCLUT DES GENS PARCE QU'ILS TUENT ET MANGENT DES ANIMAUX ET ON FAIT D'HOSOKAWA, QUI A TUÉ ET MANGÉ UN ÊTRE HUMAIN, UNE STAR DES MÉDIAS!

OUI, C'EST ASSEZ FOU EN EFFET.

PAS SI FOU QUE ÇA, LES BURAKUMIN SERVENT D'ESCLAVES PAS CHERS ET FIXENT LES LIMITES DE LA SOCIÉTÉ, ILS EN SONT LE DERNIER ÉCHELON. L'EMPEREUR EN HAUT, EUX EN BAS, ET L'ARMÉE DES SALARY-MEN ENTRE LES DEUX DANS LEUR LITS-TIROIRS!

QUANT À HOSOKAWA IL EXPLOITE UN FANTASME COLLECTIF AVEC BEAUCOUP DE CYNISME ET D'EFFICACITÉ. RIEN DANS TOUT CELA DE TRÈS INCOHÉRENT!

MAIS NOUS NOUS ÉLOIGNONS DE KEIKO SIGEKI ET DE SON LIVRE!

ELLE COMPTAIT DESSUS POUR SE REMETTRE À FLOT MAIS ÇA N'A PAS ÉTÉ LE CAS, BIEN AU CONTRAIRE.

ELLE A ÉTÉ IDENTIFIÉE À SON PERSONNAGE, LES RARES PERSONNES QUI LA FRÉQUENTAIENT ENCORE L'ONT LAISSÉE TOMBER. MÊME DANS LE GHETTO ON LA DÉTESTE. ELLE Y PASSE POUR UNE USURPATRICE. C'EST LA BURAKUMIN DES BURAKUMIN.

H. H. H.

CE N'EST PAS DRÔLE

BAH! ON NE PEUT PAS TOUJOURS PLEURER!

C'EST VRAI ÇA, ON NE PEUT PAS TOUJOURS PLEURER.

SNIF!

? ?

...BIEN SÛR, AVEC JOIE. CE SOIR? POURQUOI PAS, OUI, D'ACCORD.

20H15 DANS LE HALL DE L'HÔTEL, OK!

PLUS TARD DANS LA SOIRÉE, NOTRE HÉROÏNE A RETROUVÉ SON CHARMANT SOURIRE.

CORTI! COMMENT ALLEZ-VOUS? J'ÉTAIS INQUIÈTE, J'AI ESSAYÉ DE VOUS JOINDRE, EN VAIN. OUI... HEUREUSE DE VOUS SAVOIR EN VIE.

MAIS SI CORTI, VOUS ÊTES QUELQU'UN POUR MOI, NE SOYEZ PAS STUPIDE !

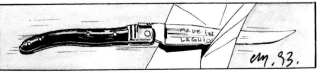

TACK!

VOUS PERDEZ DU TEMPS MADEMOI RISTO

V.D.B

"VOUS PERDEZ DU TEMPS MADEMOISELLE BRISTOL !"

!!

31

QU'EST-CE QUE ÇA SIGNIFIE ?

HUM... JE NE VOULAIS PAS VOUS EN PARLER, MAIS MAINTENANT...

DANS UNE RUE CHAUDE DE SHINJUKU, DEUX OU TROIS SOIRÉES PLUS TARD...

D'APRÈS TASHIRO C'EST LÀ QU'ELLE TRAVAILLE. DANS L'ARBAITO SALON À L'ENSEIGNE DE LA CHAUSSURE ROUGE.

(LES ARBAITO SALON SONT DES ENDROITS BON MARCHÉ QUI SELON LES GUIDES POUR TOURISTES FONDENT LEUR QUASI HONORABLE RÉPUTATION SUR LE FAIT QUE LES FEMMES QUI Y TRAVAILLENT SONT SOIT DES MÉNAGÈRES, SOIT DES ÉTUDIANTES ARRONDISSANT LEURS FINS DE MOIS AVEC DES SUPER-BOY-FRIENDS HEBDOMADAIRES.)

JE CROIS QU'IL VAUT MIEUX QUE VOUS ME LAISSIEZ OPÉRER SEUL, JULIE...

JE CROIS AUSSI.

RENTREZ À VOTRE HÔTEL, JE VOUS APPELLERAI.

D'ACCORD CHEF, MAIS FAITES ATTENTION À VOUS, KEIKO SIGEN EST TRÈS BELLE, COMME VOUS AVEZ PU VOUS EN APERCEVOIR D'APRÈS LES PHOTOS...

BAH!... DE VIEILLES CHOSES DATANT DE SON PROCÈS. LA PRISON A DÛ LA CHANGER.

DE TOUTE FAÇON, C'EST VOUS LA PLUS BELLE.

CM.93.

HUM ... L'ENDROIT N'EST PAS TRÈS BIEN CHOISI POUR UN PREMIER BAISER. VOUS NE PENSEZ PAS ?

SI, VOUS AVEZ RAISON. HÉLAS.

33

C'EST VRAI QU'ELLE EST BELLE.

J'AI INTERROGÉ UNE DES FILLES DE L'ARBATO, D'ABORD ELLE N'A RIEN VOULU ME DIRE, J'AI DÛ ME MONTRER GÉNÉREUX.

ELLE M'A PARLÉ D'UN AMI DE VOTRE SUSPECTE, UN BURAKUMIN. MAROQUINIER DE SON ÉTAT. ELLE NE CONNAÎT PAS SON NOM,

ELLE SAIT SEULEMENT QUE KEIKO SE RÉFUGIE CHEZ LUI QUAND ÇA VA TROP MAL.

C'EST UN HOMME ÂGÉ, UN SAGE. À CE QU'IL PARAÎT. KEIKO L'AIME BEAUCOUP, IL EST SA SEULE FAMILLE, LE SEUL QUI NE L'AIT JAMAIS LÂCHÉE.

CET HOMME AURAIT ÉTÉ PENDANT DES ANNÉES L'UN DES FERS DE LAN-CE DU MOUVEMENT DE LIBÉRATION DES BURA. IL VIT DANS L'UN DES GHETTOS DE LA VILLE. MAIS À L'EXTÉRIEUR COMME À L'INTÉRIEUR TOUT LE MONDE LE RESPECTE.

ALORS ON DOIT POUVOIR TROUVER SA TRACE SANS TROP DE PROBLÈME.

VOUS DEVEZ POUVOIR! MOI JE DOIS FAIRE UN PETIT VOYAGE EN CORÉE POUR MON JOURNAL.

VOUS ALLEZ ME LAISSER EXPLORER LE GHETTO TOUTE SEULE?!?

JE REGRETTE JULIE, MAIS VOUS COMPRENDREZ QUE JE ME DOIVE AUSSI À MON TRAVAIL.

JULIE COMPREND, MAIS DÉPRIME.

ET SI JE LAISSAIS TOUT TOMBER ET QUE JE RENTRE DARE-DARE À PARIS ?

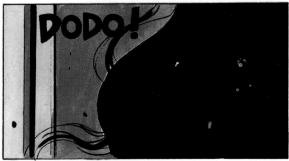

PLUS FATIGUÉE QUE LORSQU'ELLE S'EST COUCHÉE, JB REPREND SON ENQUÊTE.

ALLÔ? EST-CE QUE JE POURRAIS PARLER À FRANCIS LUCCIONI S'IL VOUS PLAÎT? AH, TRÈS BIEN BONJOUR.

C'EST UN AMI JOURNALISTE QUI M'A DONNÉ VOTRE TÉLÉPHONE, JE M'APPELLE JULIE BRISTOL ET JE FAIS ACTUELLEMENT UN TRAVAIL SUR LES MOUVEMENTS DE LIBÉRATION DES EXCLUS...

(HUM)

JE SAIS QUE VOUS ÊTES UN SPÉCIALISTE DES BURAKUMIN. JE CHERCHE À JOINDRE LA PERSONNE QUI A ÉTÉ UN DE LEURS LEADERS IL Y A QUELQUES ANNÉES... OUI, C'EST UN MAROQUINIER VIVANT DANS L'UN DES GHETTOS DE TOKYO, SI MES RENSEIGNEMENTS SONT EXACTS... OUI... BIEN SÛR. C'EST TRÈS AIMABLE... D'ACCORD. JE VOUS LAISSE MON NUMÉRO, JE SUIS À L'HÔTEL DU PASSAGE...

VERS 20H, LE MÊME JOUR, UNE SILHOUETTE SE GLISSE DANS UNE RUE ÉTROITE DU GHETTO...

JULIE BRISTOL!

SYMPATHIQUE ET SERVIABLE CE FRANCIS LUCCIONI!

IL M'A TROUVÉ L'ADRESSE QUE JE CHERCHAIS EN UN RIEN DE TEMPS, C'EST PAS COMME D'AUTRES QUI PARTENT EN VOYAGE QUAND ON A BESOIN D'EUX.

71

LE PROBLÈME C'EST QU'AVEC TOUS CES NUMÉROS ET PAS UN SEUL NOM DE RUE, IL VA ME FALLOIR PLUS QU'UN RIEN DE TEMPS POUR M'Y RETROUVER...

APRÈS AVOIR TOURNÉ EN ROND, S'ÊTRE PLUSIEURS FOIS ÉGARÉE ET AVOIR FRAPPÉ UNE OU DEUX FOIS À LA MAUVAISE PORTE...

KITA C'EST LÀ !

SABURŌ KITA

ÇA NE RÉPOND PAS.

SABURŌ KITA

MMMH...

Melle SIGEKI ?

MMH.

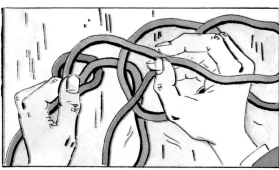

...C'EST BOY FREND QUI APPREND FRANÇAIS À MOI. UN GAIJIN TRÈS BON.

JE FAIS PAS ARBAITO PAR VICE. J'AI PAS POSSIBLE AUTRE JOB. PRISON, CASIER, RUMEURS, TRÈS MAUVAIS... MAIS, VIE PRIVÉE INTÉRESSE PAS VOUS, SEULEMENT OÙ EST PEINTURE.

EN EFFET.

TOUT À L'HEURE ME FAIT PRENDRE ELLE PAR GROS TYPE... VOYAGEAIT DANS MÊME AVION. UN BLANC.

EST-CE QUE C'EST LUI?

OUI.

J'AI VOLE VOUS PAR HASARD. SALE HABITUDE.... PRISON. VOTRE SAC..., OUVERT... DANS LA TOILETTE.

LE PAQUET ROUGE J'AI PRIS. EN SORTANT J'AI TOMBÉ SUR HOMME BLOND, REGARD BIZARRE ....IL SURVEILLAIT VOUS....JE CROIS....VOILÀ. ILS ONT FRAPPÉ MOI, MENACÉ. SABURŌ PAS LÀ, ILS ONT PROFITÉ.

C'EST CE QUI S'APPELLE FAIRE CHOU BLANC. IL NE ME RESTE PLUS QU'À PARTIR À LA RECHERCHE DE CE DUPONT-DEGRELLES.

43

D'APRÈS TASHIRO IL AURAIT SES QUARTIERS À NIKKO, DANS UNE AUBERGE PRÈS DU LAC CHUZENJI...

DE RETOUR À SON HÔTEL, JULIE SE PLONGE, SANS TARDER, DANS LA LECTURE D'UN GUIDE POUR TOURISTES...

"...UNE DES MEILLEURES STATIONS DE MONTAGNE ET L'UNE DES PLUS RICHES EN TRÉSORS ARCHÉOLOGIQUES, EST NIKKO, DISTANTE D'ENVIRON 140 KM DE LA CAPITALE... LE SITE EST SPLENDIDE ET POSSÈDE LE TEMPLE LE PLUS RICHEMENT DÉCORÉ DU PAYS..."

DE NOMBREUSES IMAGES ANECDOTIQUES APPARAISSENT DANS LES MOTIFS DÉCORATIFS DES BÂTIMENTS... TROIS SINGES SCULPTÉS NOUS INCITANT À ÉVITER DE PARLER, DE REGARDER OU D'ÉCOUTER LE MAL, UN PETIT CHAT QUI NE DORT QUE D'UN ŒIL SYMBOLE DE VIGILANCE...

"LE TEMPLE CHUZENJI AU-DESSUS DU LAC DU MÊME NOM EST TOUT À FAIT RECOMMANDÉ... LA STATUE DE KANNON, DÉESSE DE LA MISÉRICORDE, DATANT DU VIIIᵉ SIÈCLE, Y RAYONNE DE SPIRITUALITÉ..."

"NIKKO FUT CHOISIE IL Y A 350 ANS PAR IEYASU, LE PREMIER SHOGUN DE LA LIGNÉE DES TAKUGAWA... IEYASU RÉALISA L'UNITÉ DU PAYS ET PRÉPARA SI BIEN SA SUCCESSION QUE SES HÉRITIERS SE PASSÈRENT LES RÊNES DU POUVOIR PENDANT 250 ANS..."

"NIKKO EST L'UN DES CENTRES D'UN CULTE ORIGINAL APPELÉ BOUDDHISME DE MONTAGNE ALLIANT ASCÉTISME, BAINS D'EAU GLACÉE ET ESCALADE..."

"... QUELQUES BONNES ADRESSES AU BORD DU LAC... LE RYOKAN CHUZENJI HOTEL, LE MINSHUKU KAZUHIGE, LE MINSHUKU SHIRA-KABA..."

IL NE ME RESTE PLUS QU'À Y ALLER !

UNE FOIS N'EST PAS COUTUME, NOTRE HÉROÏNE A DE LA CHANCE. LA PREMIÈRE AUBERGE AU BORD DU LAC CHUZENJI À LAQUELLE ELLE S'ADRESSE EST LA BONNE, ET À PEINE ARRIVÉE ELLE CROISE SON SUSPECT DANS UNE ALLÉE !

MONSIEUR DUPONT-DEGRELLES ?

OUI ?

HUM ...JE... JE SUIS JULIETTE CANSON, UNE ... ADMIRATRICE.

JULIETTE CANSON ? COMME LE PAPIER ?

HEU, OUI, EXACTEMENT. C'EST LA MÊME, HUM, FAMILLE. EST-CE QUE VOUS ACCEPTERIEZ DE ME DONNER UN AUTOGRAPHE. J'ADMIRE TELLEMENT VOTRE ACTION !

ILS ONT BEAU AVOIR L'AIR DE GUIGNOLS, ILS SONT QUAND MÊME INQUIÉTANTS.

J'ESPÈRE AVOIR L'OCCASION DE VOUS CONNAÎTRE UN PEU MIEUX MADEMOISELLE CANSON ... VOUS RESTEZ QUELQUE TEMPS À L'AUBERGE ?

HEU, OUI, OUI, QUELQUE TEMPS.

ALORS, À BIENTÔT J'ESPÈRE.

À BIENTÔT.

VIEILLE GANACHE !

QU'EST-CE QUE C'EST QUE CETTE PÉTASSE ? RENSEIGNE-TOI BRUNO.

QUEL COUPLE !

OUI, JEAN-MARIE.

PLUS TARD, À L'ABRI DERRIÈRE UN FEUILLAGE, JULIE ASSISTE CLANDESTINEMENT À UNE RÉUNION DE L'INTERNATIONALE NOIRE.

...LE JAPON EST AUJOURD'HUI LE SEUL PAYS AU MONDE QUI NE SOIT PAS ESCLAVE DE L'OR DES JUIFS!

ÇA SEMBLE BIEN PARTI. LA VOIE EST LIBRE.

J.B. QUI A REPÉRÉ LA CHAMBRE DE JEAN-MARIE DUPONT-DEGRELLES, RÉUSSIT À S'Y INTRODUIRE.

APRÈS AVOIR FOUILLÉ MÉTHODIQUEMENT, MAIS EN VAIN, TIROIRS, PLACARDS, SACS ET VALISES, ELLE VA RENONCER, QUAND, UNE GRANDE ENVELOPPE PLACÉE BIEN EN ÉVIDENCE SUR UNE TABLE BASSE ATTIRE SON ATTENTION...

C'EST IMPOSSIBLE, À MOINS QU'IL AIT VIRÉ LE CHÂSSIS.

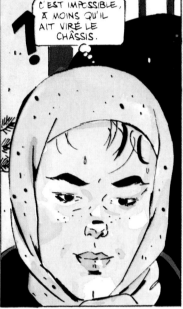

JULIE, TU ES GÉNIALE !

ET SAINTE-JULIE N'EST PAS MAL NON PLUS, QUOIQU'EN ASSEZ MAUVAISE POSTURE...

LA CRUCIFIÉE GLISSÉE DANS SON BODY, J.B. RETOURNE SUR LES LIEUX DE LA CONFÉRENCE, HISTOIRE D'EN SAVOIR PLUS, MAIS...

TOC!

ET SAINTE JULIE, COMMENT VA-T-ELLE? IL ME SEMBLE QUE JE SENS SA RUGUEUSE PRÉSENCE.

C'EST SUR LE SIÈGE ARRIÈRE D'UNE LUXUEUSE VOITURE QUE NOTRE CURIEUSE RECOUVRE SES ESPRITS.

!?!

CHARMANTE COMPAGNIE.

CE QUE J'AI MAL AU CRÂNE, JE NE DEVRAIS JAMAIS SORTIR SANS MON SAC À GLACE.

QUELLE IDIOTE! POURQUOI EST-CE QUE J'AI RÉAGI COMME ÇA?

"La Fosse aux serpents"

IL PARAÎT QUE JE SUIS DEVENUE INDÉPENDABLE, INFRÉQUENTABLE...

"Faux sanglant"

QUELQUES DOULOUREUSES RÉMINISCENCES PLUS TARD...

HUM, PUIS-JE SAVOIR OÙ NOUS ALLONS ?

AH, D'ACCORD.

!?!

UNE CINQUANTAINE DE MINUTES PLUS TARD, L'AUTO PÉNÈTRE DANS LA COUR D'UNE MYSTÉRIEUSE PROPRIÉTÉ.

SOYEZ LA BIENVENUE AU DOMAINE, Melle BRISTOL.

H, H, H,

ON DIRAIT L'AFFREUX MITSUHIRATO DU LOTUS BLEU.

PAR ICI

H, H, H, H,

ET ÇA! UNE VÉRITABLE APOLOGIE DE L'ÂGE D'OR MACHISTE! JE SUIS TOMBÉE DANS UN NID DE FACHOS ET DE MACHOS.

ENFIN, S'IL M'ARRIVE MALHEUR, SOCRATES EST ENTRE DE BONNES MAINS. MON PAUVRE CHACHAT ORPHELIN, SI JEUNE!

SNIF

SNIF

JULIE BRISTOL 1968 - 1993

HUM!

SNIF!

an. 93

HUM. HUM.

?

ROBE POUR DÎNER.

?!!

JULIE SE CHANGE, MAIS RÉUSSIT À CONSERVER SON BODY ET L'ŒUVRE D'ART QUI EST À L'INTÉRIEUR.

ROSE, LA COULEUR DE L'ÉROTISME POUR LES JAPONAIS! TOUT UN PROGRAMME.

ME VOICI DÉGUISÉE EN FRAISE DES BOIS.
IL NE MANQUE PLUS QU'UN PEU DE CHANTILLY ET...

!?!

BON SANG, MAIS C'EST...

MAIS OUI! ON EST LE VENDREDI 14!
LE JOUR DU FESTIN DES CANNI-BALES DU SIEUR KARA.
J'ÉCHAPPE AU MOINS À ÇA!

À MOINS QUE...

la · langue c'est ce que l'ai mangé d'abord...

NON, CE SERAIT TROP FORT
...HUM...JE CROIS QUE JE SUIS EN TRAIN DE DEVENIR PARANOÏAQUE ET DE VOIR DES CANNIBALES PARTOUT

VOUS VENIR.

C'EST SALLE DES FÉTICHES.
JE LAISSE VOUS...

!!

LA SALLE DES FÉTICHES, ÇA ME RAPPELLE QUELQUE CHOSE !!!

LA SALLE EN QUESTION EST REMPLIE D'OBJETS ÉTRANGES BAPTISÉS "READY-MADE ATOMIQUES". JULIE EST INVITÉE À LES ADMIRER EN ATTENDANT QUE LE MAÎTRE DES LIEUX VIENNE PRENDRE LIVRAISON DE SA PERSONNE.

READY-MADE ?! OMIQUES

ÇA VOUS PLAÎT ?

HIDEYOSHI KARA, VOTRE HÔTE.

?

TOUT CECI A ÉTÉ SCULPTÉ PAR LE FEU NUCLÉAIRE. GRAND ARTISTE N'EST-CE PAS ? POUR CE QUI ME CONCERNE J'ÉTAIS DANS LE VENTRE DE MA MÈRE, ÇA M'A PROTÉGÉ, UN PEU.

C'EST TRÈS AIMABLE DE PARTICIPER À MON FESTIN. SANS VOUS IL AURAIT MANQUÉ DE SAVEUR.

KARA!? JE SUIS BIEN CHEZ KARA! COMMENT EST-CE POSSIBLE?

JULIE N'Y COMPREND RIEN. COMMENT EST-ELLE PASSÉE DE L'AUBERGE DE NIKKO AU DOMAINE D'HIDEYOCHI KARA? QUEL DÉMON L'A CONDUITE JUSQU'ICI? CELUI QUI PRÉSIDE À LA TÊTE DE "L'INTERNATIONALE NOIRE"? À TOUT HASARD ET POUR SE DONNER UNE CONTENANCE, ELLE S'INDIGNE.

VOUS N'AVEZ PAS LE DROIT DE ME RETENIR CONTRE MON GRÉ! JE ME PLAINDRAI À L'AMBASSADE!

ET VOUS LEUR EXPLIQUEREZ QUE VOUS TRANSPORTEZ D'AUTHENTIQUES OEUVRES D'ART DANS VOS BAGAGES?

ÇA VAUDRAIT SÛREMENT MIEUX QUE D'ÊTRE L'OTAGE DE CETTE BANDE DE FOUS PERVERS.

VENEZ MADEMOISELLE BRISTOL, JE VAIS VOUS PRÉSENTER MES INVITÉS.

ILS VONT VOUS ADORER.

HI, HI, HI,

LA COULEUR DE CE SATIN VOUS PLAÎT-ELLE?

EUH, OUI.

ELLE EST IDENTIQUE À CELLE DE LA GALERIE CORDIER, VOUS VOYEZ DE QUOI JE PARLE?

VOUS AVEZ DE LA CULTURE JULIE.

C'EST DANS CETTE GALERIE QU'A EU LIEU L'EXPOSITION INTERNATIONALE DU SURRÉALISME À LA FIN DES ANNÉES CINQUANTE. LE PLAFOND ET LES MURS ÉTAIENT TENDUS DE SATIN ROSE.

MH... MAIS HÉLAS PAS DE REVOLVER.

ALORS Melle CANSON, VOUS AVEZ FAIT BON VOYAGE ?

HI HI HI

HI HI HI

LES DUPONT-DEGRELLES !

GASP !

IL NE MANQUE PLUS QUE CE CHER... AH TIENS ! LE VOICI. QUAND ON PARLE DU LOUP...

KONBAN WA.

VOUS ET MOI N'AVONS PLUS RIEN À CACHER MON CHER HIDEYOCHI.

VOUS N'AVEZ PAS DE MASQUE YOICHI ?

C'EST VRAI.
VOICI LA VIDÉASTE
DONT JE VOUS AI
PARLÉ.
VOUS ALLEZ
POUVOIR CAUSER
MÉTIER.

LES PRÉSENTATIONS FAITES, TOUT LE MONDE PASSE À TABLE. HOSOKAWA À SA DROITE, KARA À SA GAUCHE, DUPONT-DEGRELLES EN FACE D'ELLE, NOTRE HÉROÏNE SE SENT FAIBLIR.

TOUT VA BIEN
Melle BRISTOL ?

LE DÎNER SE DÉROULE COMME DANS UN MAUVAIS SONGE. DES BRIBES DE PHRASES PARVIENNENT JUSQU'À JULIE QUI ÉPROUVE QUELQUES DIFFICULTÉS À EN SAISIR LE SENS.

HOSOKAWA, LUI, PARLE D'UNE DRÔLE DE PETITE VOIX. UNE VOIX D'ENFANT.

J'ÉTAIS COMME UN
MENDIANT DANS
CETTE VILLE...

52

...UN LILLIPUTIEN, UNE FOURMI...

...ET PUIS AUSSI CE DÉGOÛT DE LA RACE JAUNE QUE JE TROUVAIS PARTOUT...

...NOUS, JAPONAIS, AVONS UNE TENDANCE INDÉRACINABLE, UN DÉSIR CONSTANT VIS-À-VIS DE L'OCCIDENT, DE SON HISTOIRE, DE SA CULTURE, DE SES FEMMES,...

53

...J'AI IMAGINÉ UN RESTAURANT DE CHAIR HUMAINE, À TRAITER SUR UN MODE HUMORISTIQUE, BIEN SÛR.

LES FEMMES QUI Y PÉNÈTRENT PAR DEVANT EN RESSORTENT PAR DERRIÈRE SOUS FORME DE BEEF-STEACK, C'EST DRÔLE N'EST-CE PAS ?

MON CHER HOSOKAWA, CETTE ADORATION POUR UNE PERSONNE DONT LA PEAU EST BLANCHE, QUI DEPUIS LONG-TEMPS N'A CESSÉ DE VOUS TORTU-RER ET DE VOUS DOMINER, N'EST PAS INCOMPRÉHENSIBLE POUR CEUX QUI SAVENT CE QUE C'EST QU'ÊTRE REGARDÉ DE HAUT PAR DES FEM-MES ÉTRANGÈRES ...

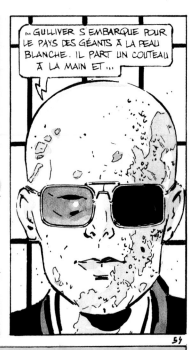

"GULLIVER S'EMBARQUE POUR LE PAYS DES GÉANTS À LA PEAU BLANCHE. IL PART UN COUTEAU À LA MAIN ET ...

"TOMBE AMOUREUX.

JE VOUS AIME.

Hi Hi Hi

I LOVE YOU.

ICH LIEBE DICH.

AIMER OU TUER IL FAUT CHOISIR, MAIS ON NE VOUS A PAS LAISSÉ CHOISIR, YOICHI !... EN TUANT LA GÉANTE, LA FOURMI JAUNE A TRANSFORMÉ LE PAYS DES GÉANTS EN PAYS DE PYGMÉES, C'EST POURQUOI, HOSOKAWA, VOUS NOUS PARAISSEZ IMMENSE

BUVONS À NOTRE HÉROS, AU SURRÉALISTE CANNIBALE.

A YOICHI!

AU CANNIBALE

FORMIDABLE! NON SEULEMENT VOUS ÊTES UN BON PEINTRE, UN VIDÉASTE TRÈS ... IMAGINATIF, MAIS AUSSI UN EXCELLENT PHOTOGRAPHE.

VOUS AVEZ TOUS LES DONS!

MERCI.

ON NE VOIT EN VOUS QUE LE CANNIBALE, CE N'EST PAS JUSTE. J'AIMERAIS FAIRE QUELQUE CHOSE SUR VOUS, SUR VOTRE ŒUVRE. RENDRE JUSTICE À VOTRE TALENT.

HUM! J'EN FAIS PEUT-ÊTRE UN PEU TROP.

QUELQUE CHOSE SUR MOI? HIHIHI, ELLE N'A PAS TRÈS BIEN COMPRIS DANS QUELLE SITUATION ELLE SE TROUVE CETTE PAUVRE DINDE!

IL FAUT QUE NOUS PARLIONS DE TOUT ÇA EN TÊTE À TÊTE.

QUAND VOUS VOUDREZ, JE SUIS À VOTRE DISPOSITION.

HI HI HI HI

POURQUOI PAS TOUT DE SUITE? EN FRANCE ON DIT QU'IL FAUT BATTRE LE FER QUAND IL EST CHAUD.

ET PUIS NOUS ARRIVONS AU BOUT DE CE DÉLICIEUX FESTIN.

VENEZ YOICHI!

SOUS LE REGARD SURPRIS D'HIDEYOSHI KARA ET DE SES CANNIBALES, JULIE ET HOSOKAWA SORTENT.

デザートと一緒にちょっと出かけてくるよ。

Hi Hi

いいけど、食べるなよ

Hi Hi Hihi

61

58

64

VOUS MÉRITEZ VOTRE CADEAU. **?**

C'EST UNE VERSION FRANÇAISE DU CONTE DONT JE VOUS AI PAR-LÉ DANS L'AVION. VOUS VOUS SOUVENEZ?

ET COMMENT! VOUS AVIEZ RAI-SON, LES DÉMONS ÉTAIENT AU RENDEZ-VOUS.

MAIS VOUS EN ÊTES VENUE À BOUT.

PRESQUE. IL Y A L'HORRIBLE COUSIN, LE FAMEUX VICOMTE. IL RISQUE DE ME FAIRE DES ENNUIS.

IL EST LA PROIE DE DÉMONS REDOUTABLES ET SI J'AI BIEN COMPRIS, IL N'EST PAS PRÊT DE S'EN LIBÉRER.

ET PUIS VOUS SAVEZ QUE VOUS POUVEZ COMPTER SUR MOI.

J'EN SUIS HEUREUSE HUGO.

BRAOUM!

! **?**

PRENEZ SOIN DE SAINTE JULIE, TROUVEZ LUI UN MUSÉE. J'ESPÈRE LA REVOIR EN BONNE PLACE ET SOUS UN BEL ÉCLAIRAGE.

JE FERAI DE MON MIEUX.

J'ESPÈRE SURTOUT NE PAS AVOIR DE PROBLÈME À LA DOUANE, MAIS DITES-MOI HUGO, VOUS VOUS FAITES BEAUCOUP DE SOUCI POUR CETTE TOILE...

MOI QUI PENSAIS QUE VOUS NE VOUS INTÉRESSIEZ QU'AUX DAMNÉS DE LA TERRE AUX BURAKUMIN... FEMELLES DE PRÉFÉRENCE.

BAH! SAINTE JULIE N'EST JAMAIS QU'UNE ESCLAVE SYRIENNE QUI A RÉUSSI.

OUI, MAIS À QUEL PRIX! CRUCIFIÉE ET AMPUTÉE.

ET VOUS AVEZ FAILLI VOUS FAIRE MANGER CRUE.

SI JE COMPRENDS BIEN VOUS NOUS METTEZ DANS LE MÊME SAC, TOUTES LES TROIS?

C'EST POUR MIEUX VOUS EN SORTIR MON ENFANT.

MERCI MÈRE-GRAND MAIS QUE VOUS AVEZ DE GRANDES...

DE GRANDES QUOI? FILLETTE.

HEU, NON RIEN.

MAIS SI VOYONS DE GRANDES D...

DENTELLES?

UN RIRE IRRÉPRESSIBLE S'EMPARE SOUDAIN DE JULIE, TANDIS QU'À TERRE...

...DERRIÈRE L'UNE DES BAIES VITRÉES DE L'AÉROPORT, UN GROUPE ÉTRANGE OBSERVE LE DÉCOLLAGE DE L'AVION.

QU'EST-CE QUE C'EST QUE CETTE CLIQUE?

DANS LA SALLE D'UN MUSÉE, QUELQUES MOIS PLUS TARD.

TE VOILÀ BIEN INSTALLÉE MA CHÈRE SAINTE PATRONNE.

CE N'EST PAS COMME MOI, PAR TA FAUTE JE RENTRE DU JAPON LES MAINS VIDES AVEC SEULEMENT QUELQUES ECCHYMOSES.

COMMENT FAIRE DES AFFAIRES QUAND ON A UNE BANDE DE FOUS FURIEUX AUX TROUSSES QUI VEULLENT VOUS TRANSFORMER EN SUSHI ?

QUAND À HUGO CORTI IL NE SE MANIFESTE GUÈRE. SI TU PEUX USER DE TA CÉLESTE INFLUENCE...

JULIE !

?

JULIE !

!?

J'ENTENDS DES VOIX MAINTENANT !

JULIE !

CORTI ?

GAGNÉ !

!

MAIS, D'OÙ SORTEZ-VOUS ?

DE VOTRE IMAGINATION?

ALORS ELLE A FAIT ŒUVRE DE CHAIR.

C'EST QU'ELLE EST TRÈS PUISSANTE.

NE VOUS MOQUEZ PAS !

JE N'OSERAIS PAS.

QUELQUES SOIRÉES PLUS TARD, CHEZ JULIE...

JULIE, JE...

CHUT !

I FALL IN LOVE SO EASILY, I FALL IN FAST

I FALL IN LOVE SO EASILY, I FALL IN FAST

SOUS L'OEIL DÉSAPPROBATEUR DE SOCRATES.

VOUS SAVEZ, JE NE...

CHUT !

I FALL IN LOVE...

QUEL BELLÂTRE

SI VIKTOR VOYAIT ÇA !

TOO TERRIBLY HARD...

CETTE FILLE N'A PAS DE CŒUR... LUI QUI L'AIME TANT ! QUI EST SI BON, SI DOUX, SI PATIENT,

FOR LOVE...

ET SI BON CUISINIER. LUI PRÉFÉRER CET AVEN-TURIER SANS FOI NI LOI, QUI NE M'A MÊME PAS SALUÉ. AH, JULIE, JULIE...

TO EVER LAST

TU N'ES VRAIMENT ...

QU'UNE BÊTE !